밤은 나를 안고 잔다

문학연대 시선 07
밤은 나를 안고 잔다

초판1쇄 2025년 8월 28일

지은이 남선현
펴낸이 정용숙
펴낸곳 ㈜문학연대

출판등록 2020년 8월 4일(제 406-2020-000088호)
주소 경기도 파주시 헤이리마을길 24, 2층
전화 031-942-1179
팩스 031-949-1176

ISBN 979-11-6630-107-0(03810)

- 책값은 뒤표지에 있습니다.
- 이 책의 판권은 저자와 문학연대에 있습니다. 이 책 내용의 전부 또는 일부를 재사용하려면 양측의 서면 동의를 받아야 합니다.
- 이 책은 전라남도, 재)전남문화재단의 후원을 받아 발간되었습니다.

만든이들 편집공방, 허정인, 변영은

문학연대 시선
07

남선현 시집

밤은 나를 안고

잔
다

[시인의 말]

천상에서 시김새로 와 닿는 순간
아~ 그래 모두가 내 안에 있는 것을
무엇 때문에 아파하고 슬픔을 꾹꾹
눌러야 했을까?

한세상 왔다가는 것은 혼자인데
터지도록 쌈박질한 내 안 갈등
시린 또 하나의 상처와 번민이
초라한 덫에 걸렸구나

물음 하나 곁들인 눈물엔
간절한 소망과 갈망 부서져
주변에 흩뿌려지면
슬퍼 울고 있는 한 가닥 현에
실린 갈증이 애닮다.

2025년 여름
남선현

차례

[시인의 말] ˚5

제1부

저녁놀 ˚13

독촉장 ˚14

식구 ˚16

안골 현충공원에서 ˚18

후예後裔 ˚20

77년 만의 외유外誘 ˚22

압류딱지 ˚24

조용한 하루가 말을 건다 ˚26

식탁 위에 놓인 햇살 하나 ˚28

달빛 아래서 ˚30

진지리꽃 ˚31

그해 오월 어느 날 ˚32

비와 부처리 ˚34

사과나무 ˚36

제2부

세상아 ˚41

배롱꽃 ˚42

나는 누구의 타자인가 ˚44

영남 혀 ˚46

덩굴팥 세월을 감다 ˚48

지심 매던 날 ˚50

누가 헛소리혀 ˚52

얼어붙은 절규 ˚54

검은 눈물 ˚56

하얀비 내리는 밤 ˚58

사별, 그 후 ˚59

짐 ˚60

물 그림자 ˚62

제3부

2월의 전령 °65

눈 오는 날 °66

계절의 길목 °68

달맞이 °70

물 폭탄 °72

찻잔에 담긴 미리내 °74

비조암에서 °76

시김새 °78

노천카페 °80

봄기운 °82

2월 첫날 °83

여인與人 °84

인연 °86

제4부

이녁 별 °89

내환內患 °90

복날 °91

구토 °92

비 오는 밤 °93

페르소나Persona °94

늦가을 창가에서 °95

명약名藥 °96

액매기 °98

채소밭 포식자 °100

한 끼의 낭만 °101

기딱지 밥상 °102

멧새의 하루 °103

제5부

잘 가시게 ˚107

11월의 단상 ˚108

석별 ˚110

그림자 밟고 서서 ˚111

초월 ˚112

목에 걸린 달빛 ˚114

일 길에서 ˚116

삶에 드리운 그림자 ˚118

철새가 남긴 깃털 ˚119

존재의 쓸쓸한 맛 ˚120

정화수 ˚122

개밭골 연가 ˚124

동네 저수지 ˚126

[해설]

제1부

저녁놀

내일 비 온다는 예보 있어
비설거지하듯 꼼지락거린
후텁지근한 날씨 끈적이는 땀
흥건히 고여 머리끝 솟고
훔친 냄새 노동의 대가인 양
하루 서산에 걸쳤다

내려앉은 먹구름 사이엔
타다 남은 불쏘시개처럼
함께한 날들 울먹이고
눈길 닿는 곳마다 튀어올라
열정 태우며 오글오글
손끝에서 깨어난다

오늘따라 하늘 끝 그리움
그대와 나의 이야기 돼
붉은빛 스멀스멀 구름 감싸듯
보랏빛 보고픔 앞산에 뿌리고
서녘 하늘 핑크빛 너울지며 안긴다.

독촉장

흐린 날 흰구름 산허리 휘감고
해우소 가는 길 막아선 채
어둠 거둬내듯 능선 넘나들면
옆 산 멧비둘기 임 찾는 소리
새벽 골짜기 애절하게 깨운다

녀석 잠 설치며 짝 찾는 걸 보니
4월이 가고 있나
가슴 맺힌 슬픔 하나 풀지 못하고
꽃이 돼 핏빛으로 피어난 철쭉
이곳저곳 흘려 시리도록 아스라이
파고들며 이 땅 4월 기억케한다

먼 산 멧비둘기 울음 들려오면
비가 눈물처럼 내릴 것 같아
하늘로 떠난 임 그리움 접고
4·3, 4·16, 4·19 되뇌며
제주, 세월호 민주열사 잊지 않으려
과역 송규석 선생 비문을 찾았다

먹구름 몰려온다 비둘기 울음
점점 크게 들리며 비를 뿌린다
돌고 도는 시장 경제
빗소리 맞춰 물가 이자 늘고
빚에 젖은 한숨 소리 턱에 걸려
고쟁이 속 비상금 탈탈 턴다.

식구

빈독골 뿌옇게 흔들린 어느 봄날
시장에 가서 고추 가지 토마토
골고루 골라놓고, 얼마냐 물으니
작년보다 배가 비싸 셈은 반만
반은 외상 하고 왔다

아이고 못살것네 하는 동네 아짐 푸념
귓등에 흘리며 모종 심고 물주며
계절따라 흘러가는 생활의 소슬거림
이때쯤이면 꽃가루 알러지로 고생하는
애들 생각 흐르는 콧물 킁 풀고
주방에 가 밥상 차려 들고
주변 둘러보다 휴대폰 사진 열어본다

처마에 집 짓고 재잘재잘 입벌리는
새끼제비 가족과 창고 후미진 곳
자리잡고 옆집 강아지 경계하며
젖 먹이는 고양이 가족
사진 속 식구는 구질구질한 가난도

캄캄한 서러움도 없는 밥상머리 둘러앉아
엄마표 음식에 미소짓는 애들 얼굴

사진첩 닫고 상추쌈 한입 욱여넣고
빈 마음 채우려 우지끈 씹으면
쌉싸름한 풋내 바윗돌 같은 그리움
우그적거리며 가슴 파고들 때
냄새 맡고 찾아온 괭이 서성대는
칭얼거림 쌓이는 한낮의 밥상.

안골 현충공원에서

앞서간 임이시여!
어제가 망종인데 기후변화로 이미
뿌려진 씨앗 세상과 사투하고 있으니
위선적인 현 세태 탓하지 마옵시고
혹시 뜻 달리한 영혼과 함께라 해서
불편해하진 마옵소서

임들은 정녕 순국선열 호국영령들
도도히 흐르는 진실의 강물 요동치듯
역사는 우리 후손의 가슴에 뜨거운 피로
벌떡이고 있음을 고하나니
민족과 나라 위해 한목숨 사른 임이시여

오늘은 한 많은 그리움과 설움 잠시 접어두고
임들 위대한 헌신에 고개 숙입니다
이 땅에 태어나 나라 위해 몸 바친
뜨거운 그 정신 가슴 깊이 새기며
성 밖 귀생개 안골 태극기 펄럭이는 양지쪽
임들 뵈옵고 그 정신 이어 더 나은 고장

우주로 나아가는 지표로 삼고자 합니다

임이시여!
임들의 혼 깃든 이 땅에 대대손손 후손들이
문화를 이뤄 평화롭게 살아가는 가슴 가슴에
희망 잃지 않는 곳 되게 하옵길 기원하며
갑진년 유월 청룡이 비상을 꿈꾸며 하늘길 여는
고흥에서 앞서간 임들의 희생과 소망
하나되어 나라 지켰듯
우리 후손 푸르고 젊음 넘치는 열정과
희망 꿈틀대는 땅으로 가꾸겠습니다
잊혀 가는 임들의 넋 살려 우리가 지켜
그 희생 결코 헛되지 않게 하겠습니다

오래 기억해야 할 우리의 조상이시여
시대의 혼탁함 애끓은 통곡과 갈등
모두 내려놓으시고 편히 잠드소서
조국의 해와 달이 지켜주는 이 땅
우리 마음속에서 영원히 빛날 것이옵니다.

후예 後裔

내 아비는 고기 잡는 어부
어미는 그 어부의 아내
그 아비 어미는 농부고
그 자식의 자식은 수군이다

굵은 햇살과 바람이 나들며 만든
근육질 팔뚝 너울대며 뗏마 끌고
산 그림자에 숨어든 잡놈들
멱살 잡아 단숨에 낚아챈 장사였다

보리쌀 몇 됫박에 수군 되어
처자식 허기진 배 채우고
움켜잡은 노 춤추듯
지형지물 비껴 물살 가르면
허겁지겁 도망치는 왜놈들
모가지가 수장되었다

뭣이라 이 땅의 주인이 누구더냐
역사는 늘 가진 자의 기록으로 남아

파란 하늘이 울먹이다 못해 붉게 물든
갯가의 노을은 알고 있다

그때의 요충지 천혜의 신비를 안고
아름답게 숨쉰 묵객의 언어에 매혹되고
핏줄은 면면히 흘러 땅과 바다에 뿌리박고
푸른 숲 버팀목이 되었구나.

77년 만의 외유外誘

실개천 숨죽여 흐른 날
조각난 풀섶 숨어 우는
여치 소리 애달프고
고목에 매달린 땡감
푸른 설움 익어간다

검붉은 나리꽃 반점
77년 멋쩍게 찍혀
터져버린 멍울 같고
문안대 드리운 골짜기엔
원혼의 그림자 서성인다

여순항쟁의 비극
그 억눌림의 날들
개울에 새겨져 잊히지 않는
시김새로 현을 켠다

늦침의 적막 속에 잠든 넋들
희나리처럼 덜 마른 가락 실어

한맺힌 춤 추듯 어깨 들썩인 날
밝고 뜨건 횃불 밤새 타오른다.

압류딱지

유월 땡볕 한낮 달궈 끈적거린 날
땀내 저린 일복 입고 구석구석 쌓인
쓰레기 한곳에 모아
흩어져 사삭스럽게 어른거린 기억들
겹겹이 새겨져 견딜 수 없는 울적함
버리려 들쑤셔 밖으로 내친다

소중한 기억 저편 고뇌의 모습
새긴 흐릿한 부유물 떠가고
손끝에 구겨져 폐지되다 펴진
글자는 싹이 돼 풍성하게 자라
몰입의 극치 알게 한 시적 감성
집 짓고 빈독골에 똬리 틀었다

참 빨리 흘렀구나 오래되고 녹슨
생필품 언어 덧칠해 손에 잡고
어루만지면 이게 왜 쓰레기인가
늘 그렇게 되짚다 챙겨놓은 것들
추억 곁들여 먹고 공간 채웠으니

허접스럽게 쌓여있는 폐지도
버리지 마라 딱지 붙였다

버리려 주워들고 다시 놓고
모으고 간직한 내 안의 우주
난데없는 빗방울 쏟아져
한줌 눈물로 젖어드는 시간
손에 잡힌 보고픈 얼굴들
압류딱지처럼 정신에 붙어
빚진 그리움 제자리로 돌아간다.

조용한 하루가 말을 건다

벚꽃 흐드러진 4월 초순
흩어지는 꽃잎처럼
하늘로 떠나보낸 아쉬움 남아
숨소리조차 내기 힘겨운 날
끼니 때우러 식당 갔다
우연히 만난 어릴 때 벗들
가볍게 눈인사하고 헤어졌다

집에 돌아와 이게 아닌데
밤새 먹먹한 시간 보내며
아름답게 반추된 지나온 시간
되돌려놓고 시리도록 아프고
고통스럽게 몸부림친 젊은 날
현재의 모습 늘 그 자리
세월에 갇혀 살아간다

장어탕 한 그릇 소주 한 잔
세편떡 막둥이와 분동떡 맏이가
강산 네 번 바뀐 세월 동안

그리움 속에 묻어둔 지난날
달구똥 같은 눈물 맺혀 흐르고
말 잇지 못한 순간 소주잔이
파르르 떤다

이곳은 우리 탯줄 묻혀 있고
조상들 정신 깃든 곳
이유 없이 뜻 없이 힘들고
외로울 때 생각나
크렁한 눈물 삼키게 한 안식처
끊이지 않는 보금자리 되었다

어느새 인생은 서녘에 걸려 저물고
붉은 노을 물든 삶의 궤적
자연 속으로 흩어져 한줌 흙이 되고
하늘에 닿아 별되어 빛난다.

식탁 위에 놓인 햇살 하나

늦은 봄 간간이 들린 뻐꾸기 울음
골짜기 깨우면 완두콩 익어가는
뒤껼 콩 따는 소리 소곤대고
탁란 숙주종의 두뇌 싸움 소리
계절 익혀 여름으로 떠난다

빨갛게 익어가는 산딸기에
딸기 따려다 가시 찔린
추억 속 아이가 배시시 놀라
꼼지락거린 손가락 피었다

젊은 날 가슴 뛰게 한
심장 같은 벗들 하나 둘
부서지고 깨진 채 먼지 되고
향기 너울대는 꽃밭
맑게 웃음짓는 여인의 손길
여민 맘 꽃되어 파고 든다

하늘 덮은 조각 땅에 내려

지나간 세월에 감춰 두고
홀로 남아 혼자 먹는 끼니가
가장 힘들다는 노년의 쓸쓸함
밥알에 씹힌 푸념 섞인 그리움
짙게 물든 옛얘기 스쳐가면
황혼 젖은 잔주름 노을 담는다.

달빛 아래서

채석강에 뜬 달 잡으려 모인
여덟 명 역군 홀로 떠가는 흰구름
술 취한 이백 혼령
억겁 책장 넘기며 시루떡 같은
라벤더 향 풍기는 양주 삼킨다

쏴~ 한 강산 두 번 바뀐 세월
켜켜이 쌓인 정담 무용담 되어
팔도 누비던 젊음 해설피 익어
저녁노을에 깃들고
자지러든 은빛 머릿결 감춘다

서해 뻘물 질퍽한 바다 향 품은
녀석들 땅에서 뽐내던 잡것들
안주 삼아 소곡주 입가심하며
살아온 이야기꽃 달 같은 전등
아래 질 줄 모르고 피어난다.

진지리꽃

두견이 토한 핏빛 사월 초사흘
한라에서 능선 타고 올라와
지리산 골짜기 휘젓고
한맺힌 원혼 눈물 댓바람 타고
설악으로 흩어진다

가벼운 바람에 꽃비 내리고
연분홍 치맛자락 살랑이며
산허리 휘감는 새색시 분내
손에 들린 봉지 속 초름한 쑥
큰좀쇄 골목길 따라 봄을 나른다

참꽃 개꽃 이 땅은 화려한 색깔 입고
계절의 아픔 잊으려 해도
치받아 서러워 잠들지 못한 억울함
들리지 않는 젊은 연인 사랑 얘기
뽀얗게 들뜬 미세먼지 뒤집어쓴다.

그해 오월 어느 날

하얀 안개 자욱이
봄을 밀어내는 어느 날
갈증에 목멘 소녀 만나
머리 맞대고 흐느끼듯
속삭이듯 빈 머리 채워달라
주술 외듯 툭툭 이마 찧던
계절 비로 와 가슴 적신다

모란 동백 오월의 편지
귓가 흐르면 그 시간으로
역류하는 몽환
침샘 자극해 서늘한 설렘
어쩌지 못하고 비어가는
소녀의 맑은 눈망울 입김
가슴 스며 그리움 쌓인다

입암산 샛길 따라가다 목마름에
빨던 소주 빨대가 청춘을 삼켜
성성한 정신 흐늘거린 그날이

서로를 깁어 마음 엮어 놓아
새로운 낙원 꿈꾸던 날들
농익은 청춘 흥얼거린
황혼빛 되새김 미소
노을 가득 연분홍 물든 사연
치렁한 보고픔 맴돈다.

비와 부처리

별바구산 흰구름 검게 벌린
입 틈새 콧기름 묻히면
노늘한 빗소리 몰고 와
악머구리 악다구니 지를 때
찌릿한 빈독골 펑펑 운다

부처리 익는 소리 자잘자랄
지난날 살아나 입속 머물면
잔잔한 술잔에 드리워진 그리움
짜작짜작 입속 맴돈 지나간 날
바람 날려 빗물 젖는다

불판 뒤집힌 개떡 같은 세상
뭐가 무엇을 이렇게 지겼기에
검게 타 그칠 줄 모르고
가위에 잘려 버무린 푸성귀
놀장하게 익어 한입 넣으면
줄줄이 스며든 젖은 가슴
에듯 아려와 서럽게 파고든다

지지고 볶은 먼 산 너머 세상
익어간 철판 또드락 소리
빗소리 어울려 한낮 잠기면
세월 배긴 애잔함 몸부림치고
간드러진 흐느낌 바람 울먹여
찢기며 먼 하늘로 떠나간다.

사과나무

꽃바람 화들짝 마음 열면
맺어준 벌 따라 설렘 가득
새소리 실려 온 바람 뿌려
서로의 향기 스친 가지마다
주렁주렁 걸린 나와 당신

봄바람 붐벼 시린 마음 쓸고
울긋불긋 볼그레한 금슬 엉켜
하얀 꽃 속 분홍 사연 새긴
떨어진 꽃잎 주워 입에 물면
나무의 첫 마음 소리 들린다

탐스럽게 익어가는 빨간 볼에
입술로 새겨넣는 미소
잔바람되어 울컥 한숨 키울 때면
섧게 복받친 삶의 소리
짭조름 아리게 눈을 적신다

흐릿한 그리움 가지에 매달려

여리게 시들어 손짓하는 지난날들
소리없이 흘러 허전함 채우면
붉닥하게 농익은 애달픔 한입 넣고
사과가 주렁주렁 나를 먹는다.

제2부

세상아

며칠 집 비웠다 와보니
꽁꽁 언 수도 보일러 틀고
기다려도 웃풍에 코끝 시려
옷 껴입고 밤잠 설친 아침
흰서리 털며 까치가 반긴다

수도 만지다 물벼락 맞아
어제 얻은 솜바지 갈아입고
동태처럼 뻣뻣한 옷
빨랫줄에 나부끼며 흐느낀 소리
켜진 티브이 울음인지 웃음인지
옆집 아주머니 잔기침과 어울러
앙상한 가슴에 나풀거린다

주변은 온통 얼어 바스러지고
물가는 올라 천장을 뚫고
바닥 난 냉가슴 앓다 앞 보면
끓는 부아 삭이러 하늘 향해 침뱉으니
얼굴에 튀긴 냉소 맘을 얼린다.

배롱꽃

이웃 어메 농약 치러 논밭 가는지
가까이 가보니 헐렁한 몸빼바지
무릎 찬 장화 신고 한 말 분무기
유모차 싣고 분무기가 걷고 있다

기역자 굽은 등에 분무기 얹고
엉거주춤 땡볕에 힘들게 어디 가요
잉~ 고추밭 풋마름빙 와서
약해야 하는디 누가 있어야제
아이고 나락 도열병 약해야 쓴디
코딱지만한 논 약 치려고 사람 쓰면
배보다 배꼽이 큿께 인자 농사 못 지것써

말은 힘부쳐 그만둬야지 하며
놓지 못한 어메 빨간 배롱꽃
샛길 따라 종종걸음 흔들리고
흠뻑 땀에 젖은 얼굴 미묘하게
눈 깜박일 때 변검 된 어메

매년 이 짓 언제까정 할랑가 몰러
손끝엔 송골송골 손주들 맺혀
불긋하게 눈에 밟힌 하늘 바라보며
아련한 현실 토한다.

나는 누구의 타자인가

새벽 우주가 뒤틀리기 시작한다
고통스러워 숨 껙껙 몰아쉬면
문풍지 파르르 떨며 운다
전화 걸 생각도 못하고 살그릇
흔들리는 조화 혼자 견디며
변질된 괴성 눈물 빼앗는다

처방전 신경성 위경련 나약한 떨림
곁엔 심약한 생각 댕그러니 남아
결핍 마름 전신 훑고 가면
늪에 빠져 울상된 채
아닌 척 여유 부려보지만 천근 무게
찬바람 들고 힘겨워 후들거린다

버리면 될 걸 끙끙대는 산 자의 슬픔
초연한 가슴팍 뜯기는 저편
관심과 간섭 미려한 조각들
이웃 숨결인데 굳게 닫힌 문
또다시 내 안 우주 흔들고

노란 세상 꼬여 누구를 부를까
철지난 낙엽만 곁에서 떨어진다

아랫목 붙들고 엉엉 소리내도
희멀건 빛과 백지만 흩어져
약봉지 주위 맴돌고
밖엔 매서운 바람 윙윙 문 두드린 섣달
오들오들 얼어가는 정신 놓지 않으려
입술 깨물고 빛살 비친 햇볕 붙든다.

영님 혀

꾸척스럽게 깨작깨작 가을 적신 날
옆집 아재 그물망에 감재 담아와
텃밭에서 캣는디 먹어보소 하며
뜰방에 내려놓고 바람처럼 가신다

갈 횅한 기분 불쑥 따땃한 정
무작에 아즘찮허요 한단 것이
잘 무그깨요잉
듣든 말든 냅따 소리치며 문 닫고
실한 감재 씻어 냄비 속 삼발이 올려
물 붓고 가스불 켰다

밖에는 헤맑은 빗방울 가을 두드려
구석진 자리 색색이 모여들어
실타래처럼 흩어진 빗물 투덕투덕
어둠 속에서 지난날 줍는다

지붕 철컹철컹 노랫소리 요란하고
웽웽 바람 따라 흐느껴 우는 낙엽

갈바람 훑고 간 빈독골
잠잠해졌나 싶을 때
매캐한 냄새 콧속 후벼
깜짝 놀라 워머 감재 이걸 어쩌
검은 연기 부엌을 삼킨다

어쩌야 쓰까 놀라 가스 잠그며
바라보니 숨통 조인 검은 마귀
벌겋게 달궈진 냄비 통통 튀고
숯덩이 된 감재 삼발이 위에서
검게 굳어 뻣뻣한 시체 되었다.

덩굴팥 세월을 감다

지심 깔고 앉아 숨박꼭질하듯
텃밭 헤집어 한줌 얻어 온 팥
호미 끝에 감추며 지발 징한
요놈들 좀 어떻게 해야 쓸 것인디
혼잣말 궁시렁대는 아짐 넋두리
방동사니 활착에 옹알옹알 박힌다

지심에 숨어 헐떡이던 숨소리
계절따라 영글어 가고
땅깨비 방아 찧다 흙속에 숨는 가을
시든 잎새 매달린 팥 덩굴 허쳐
손끝 타고들면
앙당문 입이 바시시 열려
워머 오진 것 어째 이리 야물다냐

올 시한 요놈 땜시 맴이 부르다
자석들 오면 새알죽 한 솥단지 쒀
묵고 남을 만큼 솔찬허네
연신 듣기만 혀도 땃땃한 해거름

동짓달 짧은 낮 가는 줄 모르고
팥 까울다 멋대로 불어온 바람 따라
요리조리 팔럭이며
흙으로 돌아가는 껍데기 무게
손끝에서 나눠지고
챙이질 한창인 뻘건 얼굴 서녘은
저녁놀 민낯으로 하늘 품는다.

지심 매던 날

30년 전 함께 이사온 잔디
열 평 남짓 마당 풀들 괴롭힘에
끙끙거려 녀석들 뽑고 매며
헐거워진 호미 낡은 날 끝에
비치는 아내 곱게 빗은 머릿결
수건에 감추고 풀매던 숨결
찌릿하게 시려오는 눈물샘

갈수록 찾아든 녀석은 많아져
지렁이는 도마뱀과 숨바꼭질하고
반딧불이 개똥 묻혀 오는지 꾸릿한
냄새 그늘 속 어슬렁 귀뚜리
날궂이 대장 청개구리와 맞장뜰 때
밤을 점령한 어둠 마당놀이 준비로
저녁노을 먹는다

뜯긴 풀꽃 더미 벌과 나비 찾아와
너울너울 살풀이하다 원망 섞인 눈망울로
멱살잡이하듯 윙윙 시위하지만

농약 없는 땅 지키려면 어쩔 수 없어
모아둔 지심에 모깃불 놓고
녀석들 쫓다 하늘 보면 황혼에 젖은 마당
온통 빨알간 석류알 박혀 있다

땀인지 그리움인지 모를 한낮 석양에 걸려
식히는 바람 살랑살랑 가슴 파고들면
박하 줄기 타고 오른 메꽃 나풀거린 아련함
모깃불 연기 따라 먼나라로 날아간다.

누가 헛소리혀

가뭄 때문에 곡식은 마른기침하고
산허리 움튼 잎은 꼬시라져 떠어떡
사람 부르며 헐떡이는 소리와
산불 조심 안내방송 삭신 들쑤신다

뜨락에 핀 수선화 북쪽 향한 목련
간간이 훑고 지나간 동박새, 떼까치
홀로된 아재 오늘도 그 자리 앉아
막대기 토닥이며 홀린 듯 중얼거린다
뭣 허것다고 말 싼다구 뻔지르허드만
저노무 개새끼보다 못하당께 암~

뭔 소리 하는지 거꾸로 가는 세상
피해자가 가해자 마음 열개裂開하고
30만 반지하 위험과 불안에 떨며
명줄 잇는데 복지는 어디에 있지
건너 서정아짐 맴도 모르고 주책없이
봄은 치마폭 휘감는다

얼마 전 조합장들 뽑았는디 잘허굿제
뭔 나라 의원들처럼 밥그릇 쌈은 안하굿제
먼지까지 털며 못된 짓 하지 말어야 할 것인디
어째야 쓰까 몰러 쩌그 옆에 뽀짝 쌈 잘한
독구 으르렁거리며 지켜보고 있는디
초심 잃지 말드라고잉
음마 윗찌 장들뿐이당가 함께 사는 시상인디

노망아재 날궂이가 먹혔는지 단비 내린다.

얼어붙은 절규

한파 속 터진 것이 어디
난방비 폭탄뿐이랴
배고프고 기댈 데 없는 놈
얼어 죽지도 못하고
냉골에서 거북목 하고 움츠리다
화롯불 녹아든 몸뚱이 끙끙대며
옹근 허리 곧추세우다 터져 나온 한숨
땅이 꺼질 듯 문풍지 후덜덜 파르르
여기저기 꽁꽁 얼고 온통 떤다

차라리 비빌 언덕이라도 있으면
등 터지고 손금 닳도록 비벼대련만
우두둑우두둑 이빨 부딪치는 소리
우렛소리보다 더 크게 귀청 뚫고
오들오들 떠는 정신에
불이라도 질러 훠이훠이 하늘로
날아가고 싶은 밤 잠마저 떤다

밤새운 서리 하얗게 새벽으로 가면

날아든 여름날 날파리 떼보다 무서운
공과금 고지서 먹고 죽을 수 없는
빚 독촉 어둠 속 태양 가려지고
뒈질 용기마저 앗아간 낮의 다면성
파리한 낯빛으로 서럽게 운다.

검은 눈물

견우직녀가 애타게 일 년 기다려
오작교 건너 하룻밤 지새고
떠난 지 여드레 된 보름날
태풍 온다 바람이 거칠다
습한 마음 흔든 마파람 헉하고
눈물 쏟을 것 같은 사무침
먼산떡 닮아
깝깝이 구시렁거림 곱씹는다

쩌그 먼산떡 어메는 말시
젊어서 서방 하늘 보내고
갖은 고상허다가
그것도 복이라고 아들딸 셋
가슴에 묻고 혼자돼
멍허니 하늘 보는 빙들어
동네서 그냥 먼산떡이라 부른당께
참 안돼부렀당께~잉

가녀린 저 어메 미소가 말을 잊고
기약 없이 혼자 삭혀야 하는 삶
맘도 정신도 뒤집혀 범벅된
눈주름 사이로 불어닥칠 폭풍보다
외롭게 서린 한 잿빛 하늘에 물려
우중충한 마음 검게 태운다.

하얀비 내리는 밤

훌쩍 떠나버린 그림자 쫓는
가여운 여인 홀로 그린 하루
모래바람 스산하다

온통 말라 뒤틀려 소리마저
잃어버린 네 안의 내 모습
우주에 혼자 남아 먼지처럼
알갱이 되어 떠돈다

설움 밀려든 어둠 옥조이다
울고 싶어도 눈물이 없어
소리마저 앗아버린
야멸찬 당신 후벼파듯
텅 빈 가슴에 빠져든다

창밖 비가 하얗게 내리고
소리 없는 흐느낌 밤새워
빈자리 메우고 먼 산속에서
부엉이 울음 서럽게 들려온다.

사별, 그 후

비 오는 밤 쓸쓸함 이기려
당신 불러보지만
먹먹한 어둠 가슴에 일어
빗줄기 낀 채 눈물 없는 소리
쥐어짜며 할퀸다

눈물마저 앗아버린 정념
빗물처럼 펑펑 쏟고 싶어
갈라져 온몸에 흩어진 조각들
쓸어내며 눈만 깜박이는 밤
기억조차 휩쓴 망각 끝에
스친 빗소리 바람 소리 기댄다

뭔지 모를 절망에 놀라 깜박이면
지난날에 묶여 달싹 못한 상념
몸부림칠 때 할퀸 상처 욱신거려
고개 들면 빗방울처럼 울고
눈가 맴돌다 어디로 가는지
손사래 치며 떠나간다.

짐

봄을 몰고 오는 트랙터 관리기
온동네 을러대며 아침 깨울 때
밤새 내린 서리 금세 피어올라
아롱거린 뒤꼍 읍내 조합
나무 장터에서 사 온 과일 묘목
심으러 구덩이 파는데
깝깝허시 두엄이랑 섞어서
넓게 파고 뜨문뜨문 심소
지나던 갑장 말 보탠다

어이 새벽에 병원차가 삐꼬삐꼬
하던디 뭔일 있당가
잉~ 긍께 말시 쩌그 두터골 동세떡
밤에 소피 누러 칙간 가다
도채비 만나 씨름했는디
다리 심이 없어 넘어져 일어나덜 못허고
서리 맞고 웅크리고 있는 걸
옆집 갱아지가 짖어 읍내 병원차로
싣고 간 거라고 허대마는 글씨

아~그랑께 누가 옆에 있어쓰먼
이런 일 있겄능가마는 혼자 산께 참말로
남 일이 아니다 마시 그라고 빙원에 있는디
자석이 불나게 찾아와
걱정돼서 도저히 혼자 있게 할 수 없응께
인자 엄니 요양원에 모셔야 쓰것다고 하니
동세떡 집 놔두고 어딜 간다냐
함시롱 맞고 있던 링게루 주사 빼 불고
막 다리 심 키운다고 함서
병실 돌아다녔다고 안한가잉
참말로 어째야 쓰까~ 몰러
그렇다고 객지서 잘살고 있는 자석
불러올 수도 없고 앞일이 캄캄허시 그랴
이거시 남 일이 아닌께 말이여.

물 그림자

어스른 빗금 따라 걷다 보면
실개천 후미진 곳에
언제부턴가 해오라기
한 마리 늘 외발 자세로
졸음 쫒다 말고 훌쩍 떠난다

지날 때마다 그곳에 홀로 선 채
물결 따라 세월 낚는 강태공처럼
평화 속 긴장감 소용돌이치고
담살이새 소 몰고 가는 소리
들려오면 초작초작 여린 발자국
엷은 햇살 비쳐 찬연하게 쫒는다

몇 날 지났을까 노을 품은 실개천
해오라기 가족 박동 꿈틀거리고
어미는 촉 세워 날개로 새끼 감추며
갈대숲 몸 숨긴 그림자 어스름
산 넘을 즈음 자맥질하는 물속
긴박한 터전은 언제나 경이롭다.

제3부

2월의 전령

우수 지나며 내린 비 언 땅 녹여
빼꼼히 봄 부르고 있는데
세상 볼멘소리 가득 녹지 않고
꽁꽁 얼어 선동 불만 부추기며
지끈거린 개진머리처럼 번진다

탐욕 주도권 양극화 혐오 불신 간섭
하극상 조롱 집단이기 볼썽사납게
세상은 마귀들 유혹에 빠져
민중들 눈과 귀 먹게 하고
변죽 올러대는 아사리판 잡것들
혀 날름거려 환란 획책한다

가랑비 젖어 걸린 감기 기운에
묵힌 아궁이 불지펴 아랫목 등지고
뜨끈하게 지지며 진통제 털어 넣고
이불 뒤집어쓰고 여기저기 꿈속 헤매다
흘린 땀 닦고 나면 개운해지려나.

눈 오는 날

하얀 눈 소복이 오는 날
촉촉이 젖은 눈시울로 당신 그려본다
이런 날은 울컥 터진 속울음 삼키며
마음 가는대로 찾아들어 서성이고 싶다

당신 오랜 묵음의 무게와 기억으로
얼싸안고 입맞춤하겠지
들려준 속삭임 아직 푸르고 무성하여
내겐 돌아가야 할 상처가 이토록
영롱하게 그려져 애타게 떠돌고 있다

눈 오는 날 그리움 두고 떠나간 당신
흔적 쫓아 끝없이 걷다 보면
만나고야 말 것 같은 홀로된 밤
눈감고 가장자리 깃들어
한세상 살아갈 텅 빈 마음 채워 줄
보고픔 흰눈으로 덮는 청춘이다

당신 지금 어느 하늘 아래서

그리운 노랫말처럼
마지막 모퉁이 돌아 나오고 있는지
아직도 나는 첫눈 내리는 날 만남에 갇혀
시리고 서글픈 문장에도 눈물이 말라
보튼 마음 부여잡고 함께했던 자리
그리며 깊이 박힌 울음 눈에 젖는다.

계절의 길목

뽀송이 내밀다 얼음꽃 된
여린 아이 볼기짝 후린 바람
막아선 담장 아래 작은 별꽃
얼어 떨군 망울 좁쌀처럼
개불알꽃 흩어져 부서지고
몰아치듯 매섭고 혹독한 시샘
이 땅 마구잡이로 흔든다

추위 털고 먹거리 사러 가면
하루 다르게 오른 물가
얄팍해진 주머니 만지작거리다
돌아서야 하는 한숨
몰아치는 꽃샘추위보다 무섭게
입가에 서려 미소 앗아간다

침잠하던 가녀린 넋
햇살 내려놓아 눈부시게
갈등하며 양날의 칼 휘둘른
뜰에 핀 수선화 줄기차게

바람과 맞서고 밤새 추위와
싸운 목련꽃 벙글다
떨어져 흙으로 돌아갈 때
거칠고 조심성 없는 행동
계절은 옷깃 다시 여민다

자연은 인간의 그릇된 행동과
파괴, 탐욕과 망상 경고하듯
늘 그렇게 정신 깨우러 시험하고
계절을 흔들지만 극심한 무감각
병든 정신은 집단이기와 개인주의
얼개 두르고 서로 옳다 을러댄다.

달맞이

자연 인간의 괴롭힘에 몸살을 앓다
재채기로 쏟아낸 콧바람 동각 옆
자연네 놀짱한 나락 쓰러트려 놓아
일으키려 헤집은 물바닥
달이 빠져 사름사름 깜박인다

갈밭골 밤나무 추억이 익어간다
푸석거린 근심 넣어 송편 빚고
가을 그릇에 담아
이우제 아짐께 한가위 꽃잎 드렸다

정화수에 빠진 달 손주 같은지
내려놓지 못하고 맹물 같은 자식들
여린 떨림 떠돌다 가슴 타고 들어
비벼대는 손바닥 댓바람에 잠긴다

아재 기억 갉아먹은 잔기침 소리
대추보다 붉은 감 이파리 흔들다
귀뚜리 노랫가락 추임새 되어

쇠잔하게 골골 흐느낌 되었다

이승과 저승 가족들
모두 모여 그리움 차려놓고
속울음 삭이며 보내는 이웃들
한가위 달처럼 둥글둥글 마음에
걸고 걸판지게 놀아보련다.

물 폭탄

지친 영혼까지 깨우려나
또드락 귀신 돼 양철 지붕 위
굿하는지 잠잘 수가 없다

그칠 줄 모르고 쏟아붓는 물소리
귓가 넘치고 때맞춰 딱꿍 안전문자
간담 서늘케하는 밤이다

물귀신 오성 봉화 여기저기 나타나
헤집고 휩쓸고 지랄 발광하며
닥친 대로 목숨 빼앗고 있는데
귀신 잡지 않고 문자만 딱꿍거려
두려움에 떤다

오들오들 떨리는 맘 진정하고
밖에 나와 보니 물귀신 잡아먹은
산은 배불떼기 되어 있고
길 잃은 물줄기 약한 곳 쓸며
흉측한 악마 돼 닥쳐온다

농작물 썩고 쓰러지고 몇 날씩 잠겨
숨통 조여오는데 바라만 봐야 하는
한숨 소리 하늘 원망하며 우는데
문자 귀신 잊지도 않고 딱궁거려
속뒤집는다

뭐야 직접 귀신 잡으라고 아님
피신하라고 누가 만든 재앙
책임공방하는 당신들께
하늘이 격분해 귀싸대기 날리는 소리
무섭기는커녕 속이 다 후련하다.

찻잔에 담긴 미리내

땀까지 말리는 푹푹 찌는 날
바람 따라 그늘 찾아드는 곳
시내밭골 냇가 나무 엇댄 별집
새빛 밤하늘 은하수 품었다

골짜기마다 도공의 땀방울 떨어져
무성한 숲 된 흔적들 한숨 아우성
이글거린 가마 불꽃 스민 땅기운
피를 타고 냇가 집에 모인다

녹청 백청 사구시 덤벙 귀얄 돌고개 동적골
작은골 보이는 골짜기마다 생활의 조각들
흙바람 일으켜 정신 깨우는 싸한 그곳엔
흙 치덴 소리 물레 들썩이며 흔들린다

막잔에 물 따라 벌컥벌컥 불볕더위 마시다
살펴보니 그곳엔 냉골이 있고 도공의 열정
한 폭 그림 되어 말 걸며 속삭인다
오랜 세월 운대 흙엔 혼과 땀 서려 있고

묻혔다는 본질 찾는 도공이 그곳에 있다

유약 바르지 않아 투박한 밤하늘 은하수
감싸잡고 차 마시고 있노라면
알 수 없는 흙의 진실 가슴 파고들고
유연함 강인함 운대 질퍽한 옛이야기
거친 세파 빗긴 천연한 때깔 잔 속에 핀다.

비조암에서

땅골 지나 두방산 바라보며 걷다
갈림길 비조암 이정표 따라
들썩이며 수다떠는 것도 잠시
가볍던 양어깨 짓누름 느껴지고
한 발짝 뗄 때마다 후들거린 다리
몸은 단내 거칠게 뿜어낸다

숨소리 변해 쇳소리 날 때
몸뚱이 얽어맨 바구에 오르니
새 한 마리 날갯깃
첨산 줄기 타고 끝없이 펼쳐져
바다 건너 산기슭 적대봉 바람
엷게 스친 콧김 크게 호흡하고
가져온 먹거리 펼쳐놓고
꿀맛 같은 만찬 힘듦 잊는다

한 조각 구름 떠가는 먼 곳엔
산주름 접힌 곡선 따라
득량만 출렁이고

푸른 너울 일렁이는 봉우리
꾸불꾸불 발아래 굽이치면
가파른 물레바구 덩그러니
길 막고 하늘 휘젓는다

날아라 마음아 우주를 품고 훨훨.

시김새

동파주의 문자 찬 기운 몰고 오는 밤
몸도 맘도 꽁꽁 얼어 터져버린 정신
한숨 소리 헤집고 날아든 조각
가슴에 박혀 연신 잔기침 토해 보지만
삭이지 못한 가래 그글거려 잠 못 이루다
헉하고 튀긴 침이 정신께 말 건다

무지갯빛 수놓인 따스한 봄날
나무 기대 마주한 상큼한 입맞춤
설렘 침 녹인 합헌주 마시듯
함께한 날들 꼼지락거리며
뜻 없이 미소지어 보지만
틈새 웃풍에 이불 만다

추위 탓인가 몸이 멀어지니 맘도 멀고
자꾸만 씁쓸하게 되새김하는
"혼자 왔다 가는 세상 무슨?"
귀청 떨어지는 소리 잘금잘금
곱씹히며 싸늘하게 얼리려 드는데

때맞춰 수도꼭지 터져 나온 물줄기
흩뿌려 너덜거린 벽지처럼
산산이 찢긴 정신 펄펄 끓은다.

노천카페

일보고 돌아와 바지 벗다
무심코 주머니에 손 넣으니
동전 네 개 며칠 동안 그리움
데웠는지 만지작거린 손에 잡혀
노천카페 서리고
자판기 먹은 네 개 동전
설렘 가득 늘 계절 앞서간다

이내 주머니 속 동전 꺼내 들고
꼼지락거리며 사백 원 행복
요리조리 숨바꼭질하듯 계절따라
새겨지는 여릿한 속삭임
살폿 미소도 웃음도 둘만의 세상이다

두 잔은 너무 많아 한 잔에 담아
나눠 마신 밀크커피
그날 기쁨 두 배 쿵쾅거린 가슴
진정시킨 여유로운 청량제
무엇이든 시원스럽게 쏟아내린

가벼움은 건강한 웃음이다

늦은 밤 동전은 갈증 난 보고픔
어둠에 띄워 놓고
꽉꽉한 세상 허기짐 채워 준
조용한 소곤거림 별빛 반짝인다.

봄기운

깍지낀 손 따스한 햇볕
언 마음 녹이는 날
쌓인 답답함 눈웃음
기억 속에 매달려
봄 자락 스며들고
지난날 그리는 혼자임에
쓸쓸한 걸음 바람에 흔들린다

두손 맞잡고 꼼지락거리며
방황하는 산그림자 등지고
심호흡 몰아쉬는 내 안의 사람아
함께 나눈 샛길은 늘 따스한 입김
속삭이듯 바람이 들려준 빛살
정답게 걷던 두 그림자
못에 빠져 알알이 타오른다

살포시 깍지끼며 배시시 웃는
내 안의 봄 온맘 휘감듯이.

2월 첫날

텃밭 봄동 덮은 볏단 걷어내자
서리꽃 핀 사이사이 봄이 모락
얼음새꽃 밝게 노랑 미소지었다

혈관 뚫은 실핏줄 따라 서성이다
손끝 옮겨온 봄기운 서릿발
비집고 일어난 햇살 기지개켠다

유난히 길게 느껴진 올 추위 견딘
이 땅의 생명 새날 쩍쩍 울러대고
날짜 따지면 초라한 2월 부풀린다

조금 아프고 힘든 날들 버겁긴 해도
모자란 듯 부족한 듯 한켠 내어
새싹 돋아날 여유 남겨둬야겠다.

여인與人

떡갈나무 감싸도는 산책길 따라 걷다
비탈진 능선에 궁둥이 붙이고 앉아
앞 보면 희끗거린 안개 걷히고
계절 깨우듯 농염한 자태로 누워
임신한 배 불룩 바람을 막는다

태초에 신이 이 땅 창조할 때
저곳에 누워 마을 여신 되었을까
잡목 잘라 만든 옹색한 쉼터에서
볼 수 있는 임신한 여인의 성스러움
일행이 건넨 사탕 입속에서 오물오물
하품하며 기지개켜는 아침이다

대자연 섭리 거스른 이기와
탐욕이 빚은 공동화 초고령화
한해 한 개 면의 인구 사라지는
인구절벽 사회 바라보는 여인이여
당신이 낳은 산과 들이 거칠고
잡목 무성한 황무지로 발아래 놓여

젊음 부르고 있지만 대책 없는
현실 막연한 허상만 심는다

이 나라 이 땅 지배하는 신이여
남북동서 상처뿐인 치기 놀음
난도질 된 정신 눈 귀먹게 하니
이산 저산 열게 할 여인이여
민초가 지켜온 이 나라 초원
짓밟고 뭉개는 어릿광대들
역사의 바퀴 거꾸로 돌리는
어리석음 범하지 않게 살피소서.

인연

안개 흩뿌린 아침 평전 선생이 생각난다
흐릿한 띠 길 위에 깔린 학림 생가 들어서니
썰렁한 민소매 버선발로 마루끝 걸터앉아
텅 빈 알몸 감추려는 듯 연신 담배 연기 날린다

마음 가두고 혼자 꺼내 쓰던 대숲 오동나무 담벼락
어디에도 없고 문지방 위 "初志一貫" 현판 겉치레하고
인장 같은 평전 숨소리 담아 안개 쫓는다

쫓겨나듯 꼬불꼬불 유택으로 가는 길
스삭이는 남도 노랫가락도 출렁이는 술통도
여인 치맛자락도 당신 누이 곁을 떠날 수 없어
찬바람 흔들리며 휑한 가슴 후빈다

앞산 골짜기 안개 피워 물면
가지 흔들며 나타난 뻐꾸기 평전 부른다.

제4부

이녁 별

저물녘 텅 빈 들판
그림자 길게 드리우고
낡은 헛간 곁엔 풀벌레
소리만 간절하다

한때 웃음꽃 피던 마을
바람결 흔들리는 나지막한 담벼락
고즈넉한 정적 홀로 남은 이녁
창밖 바라보며 옛 추억 더듬는다

손주들 재잘거림 정겨운 이웃들 얼굴
지금은 흐릿한 흑백 사진 속 기억뿐
황혼녘 노을빛 물든 하늘 아름답게
쓸쓸한 마음 더욱 깊다

늙어가는 시간만큼 외로움 커가고
텅 빈 들판 홀로 서서 별 헤는 밤
깊고 고요해 어스레한 기억마저
세다 지쳐 잠든 이녁 별 곁에 멈춘다.

내환內患

어둠 깨운 별들 가슴 파고든 밤
홀로 남겨진 마음 쓸쓸히 흔들릴 때
바람에 실려 오는 나뭇잎 소리
흐느끼듯 외로움 더하는 이명 되어
움츠린 정신 별빛 속에 묻는다

캄캄하게 갇힌 눈빛마저 흐려진
썰렁하게 혼자 남는 허전함
채울 손길 찾아 목놓아 불러도
생각 없이 그저 무채색 된
그리움 하얗게 지워진다

이것이 별과 우주의 아픔
내 안에 사무쳐 무겁게 다가와
더욱 깊고 처절한 절망
찢기고 토해져
어둠을 검게 덧칠한다.

복날

왕매미 울음보다 더 시끄러운
이 땅 부조화 우렁우렁
세상 흔들어 옳고 그름
혼미한 정신 미치게 한 날씨다

연일 여기저기 터져 나온 속보
놀부 심술 닮아가는 현실
팍팍 찌는 습한 기온
우릴 우롱하는 악마들
삼복더위 복달임하듯
양심 없는 심장 탐욕 넣고
끓여도 솥엔 맹물만 부글거린다

며칠 동안 낡은 집수리 공사하며
자재 사 나르다 보니 인건비
공·농·수산물 모두 다 올라 있다
지갑 몇 번씩 만지작거리는데
땀까지 머리끝에 오르니
팔 들어 소매 끝으로 훔친다.

구토

열대야 뒤척이다 창문 열고
모기 쫓다 잠든 밤
번쩍거린 번개 잠 깨워
어렴풋 시간 보니 새벽 세 시
눈에 달빛 스며 부정할 수 없는
내 안의 내가 섧도록 푸르게
허우적거리며 고문 받는다

몸과 마음이 타고 있다
아프다 평생 달려온 가치
송두리째 엇나가 끝없이
절망의 늪으로 떨어진다

눈물은 웃음과 같은 것이라
웃고 울고 감정에 충실한 밤
잘근잘근 씹어 신물 삼키면
퍼석한 서글픔 깨문 달빛 젖어
애타는 구름 마른번개 빛을 품고
하늘은 울컥 구역질한다.

비 오는 밤

하늘이 밤새 쏟아내는 빗줄기
지붕 얻어맞으며 분하지도 않나
뒤꼍 땡감 무섭게 괴성 지른다

으르렁거리며 구름 울부짖고
바람은 보이지 않는 손으로
거미줄 같은 현 튕기며
잎과 잎 찢긴 협주곡 연주
마음 휘저어놓는다

작은 가슴마저 젖어들어
온통 세상 북받침뿐
쏟아지는 빗물 우울한 마음
초췌함 삭히며 밤의 노래 듣는다

혼자인 것에 익숙해지려
비 오는 날이면
촉촉한 가슴 부여잡고
눈물 없이 운다.

페르소나 Persona

더위와 장마 맞붙은 날씨
찢어지고 박살난 세상
가면에 감춘 땀내 짠내 악취
포식자 횡포까지 천사 탈
뒤집어쓰고 헉헉대며 엄습한다

무엇이 그렇게 못마땅한지
제맛도 근거도 해석도 없이
부글거린 배 움켜잡고 날씨 탓만
씁쓸함 오지게 쓰리다

땡볕에 혈압 오르듯 생필품값
얇은 지갑 헐고
불안 괴담 탐욕
노아의 방주 돼야 하는 현실

칙칙한 빗줄기 가진 것 없는
깊은 수렁에 몰아넣는 내면
너덜거린 가면 흉측케 변해 있다.

늦가을 창가에서

가을밤 마음 털어 빗물 적시면
처마 밑에 매달려 추적이다
청승맞은 빈 가슴 찬바람 채워져
뼛속까지 아린 고통 온몸 휘감고
소용돌이 휘말린 헤어짐 끝자락
부여잡은 애잔함 휩쓴다

아프다는 건 살기 위한 몸부림
부러움은 슬픈 마음
문득 돌아보니 혼자 남아
계절따라 흐느낀 시월의 잎새
어쩌랴 온통 지쳐 허리 꺾고
타오르며 흩어진 남루한 부대낌을

앞뜰 금싸라기 같은 금목서 꽃향 어둠 뚫고
색시 화장 냄새 담장 넘어 이웃에 날면
가을걷이 손끝 털다 남은 깻대에 엉켜
채색된 고귀함 시월과 통정하는 밤
향내 사른 빈자리 애달픔 수북하다.

명약名藥

어디서부터 잘못된지 모르지만
무엇이 입속의 널 뒤집고 있는지
뒤틀리고 찢기는 밤 기운
흰죽 이어 가며 몇 날
참을 수 없는 고통의 아침 왔다

생활의 변곡점 따라 함께 걷던
샘들과 앞주부터 설레게 한 팥죽
복지생활관 그곳은 정성이란 믿음 모여
독소 날려버리는 마법의 성
따듯한 내음 입맛 돋게 하고
조용한 무언의 대화 속에
서로 역할 분주하다

팥죽 부추 숙주나물 브로컬리 등등
자연 닮은 담백함 넉넉한 반찬
한 숟갈 한 젓가락 입에 널 때마다
따뜻한 온기 감동에 젖어
짜릿한 식은땀 뜨거워지고

감사한 온갖 빛이 주변 밝히니
이곳이 천국이런가
사랑 위로 치료 명약 다 있다

편리주의가 정신을 황폐케한 시대
팥죽과 반찬 준비하고 손수 만든
쌤들의 말없는 수고와 미소
나눔받아 전율케한 허기짐은
어느새 천사 부름에 웃음 짓는다.

액매기

찜통더위 계절 모르고 날뛰더니
추석 명절 물 폭탄 쏟아 놀놀하게 익어가던
나락 술 취한 듯 널브러져 하늘 향해
방아 찧고 쭉정이 날파리만 웽웽거린 들길
고개 너머 해창만 들판 메로 묵었는지
희끗거린 물결 스산한 바람 흔들흔들
살리기 위해 보험도 안 된 비싼 약
써야 하는 돈 서럽게 우는 밤이다

응급실 외래진료 돌고 돌아 하늘에
담보 잡힌 산 사람 고통
처절하게 울부짖는 간절함 외면하고
짓밟은 이 땅 행위 집단이기와
간악하게 입놀린 위정자들 짧은 혀
사탕 몇 개 까 들고 분탕질해 대는 소리
뭔 소리인지 앙당문 이빨 썩어 문드러져
합죽이 만든 자영업자 영끌족 큰 한숨
얼굴 스친 갈바람 섞여 텅 빈 상가
아프게 느껴진 분노 칼바람 돼

주위 휘돌아 얼개 만든다

"곤조리 메로 식물 해충은 농부가 잡는디
인간의 탐욕과 집단이기는 누가 잡는당가
연빙헐 쩌그 있는 하늘인가 우린가?" 하며
개탄하는 옆집 아재 분노 새벽하늘
샛별 잔상 따라 돌아가며 휩쓴다.

채소밭 포식자

더위와 싸우느라 한눈판 사이
뒤꼍에서 사름사름 함께한
밥상머리 상추 청경채 열무 배추
할 것 없이 타고 올라 짓이겨 놓았다

죽어가는 나라와 민족 버리고
뱅기 가득 쩐 싣고 도망간
아프간 가니도 아닌 것이
닥치는 대로 달라붙어
지랄 발광하며 미쳐 날뛴다

조금 틈 보여도 할퀴고 엉겨
살갗 부어올라 싸름거린다
어쩌랴 욕심 많은 네놈 땜에
온몸 씨근거림 참아야지
한나절 뽑고 파헤쳐
다시 푸성귀 씨앗 뿌려놓고
풀냄새 풋풋한 뒤꼍 보니
어느새 새싹 꿈틀거린다.

한끼의 낭만

밥맛 없고 허기는 지고
뭘 먹어 볼까 망설이다
냉면 생각나 찬장 뒤져
면 끓여 찬물 헹궈 놓고
냉장고 열고 뒤적여
함께 먹을 김칫국물 찾는다

요리조리 김치통 열며 맛보다
얼마 전 정성껏 담아 건네준
얼갈이김치 뚜껑 여니
뽁좀한 국물 이쁘게 내려앉아
말아먹기 좋게 익었다

얼음 띄워 휘저어 한입 넣으니
입맛 없던 생각 언제 그랬냐는 듯
곰삭힌 김치맛 냉면 요동치며
입에서 목을 타고 온 우주 돌아
혀에 머물면 칼칼하고 개운한 맛
입안 가득 눈이 번쩍 뜨인다.

기딱지 밥상

눅눅하고 축축한 기분
집밥 생각나 밥집 찾아
밥상에 올라온 반찬 보니
어릴 적 어무이 밥상머리 앉아
기딱지에 밥 말아 먹여주던
꽂기 간장에 오그리고 있다

그 시절 찔기미 꽂기 반찬에
어무이 손맛 더한 밥반찬
언제나 달짝지근한 게미 있었지
오물거려 한입 씹다 밥 한술 넣고
젓가락에 붙은 쫍쪼름한 간장 맛
잊고 지낸 밥심에 세월 묻어 있다

감생이 갈치조림 서대무침 푸성귀
앞바다에서 잡힌 철따라 오른 생선
곰삭은 김치까지 어릴 적 고향 품고
소박한 정성까지 녹아 밥맛 돋는다.

멧새의 하루

달랑이는 한 잎까지 바람에 뜯긴
홍매화 겁 없이 계절도 잊은 채 펴
앙상한 가지 멧새 한 마리
앉혀놓고 흥 돋우지만
짝 잃은 멧새 슬피 운다

해진 외투 파고든 바람
발끝 신경까지 헤집고
혼자된 멧새 종일 울다 울다가
지친 눈물 자국
길게 드리운 그림자 따라
하루 새겨놓는다

불빛 화려한 건너 빌딩 숲
을씨년스럽게 추위에 떨고
날품 팔던 일터 돈맥경화 걸려
꽁꽁 얼어 걸음마저 뒤틀고
공원 어슬렁거린 멧비둘기
먹이 사냥하는지 시비를 건다.

제5부

잘 가시게

이게 뭔가 마음은 울고 있는데
눈물은 나지 않고
소리 없는 통곡 가슴 파고들어
온몸 찢기듯 아프고 쑤신다네

눈물이라도 쏟고 엉엉 소리내
울어야 후련할 텐데
목에 걸려 먹먹한 이맘 어쩌라고

아들 딸 손주 상주와 맞절하고
자네 집사람 찾아 인사 나누다
울컥해 한마디 말도 못하고 나왔네

조금만 더 견디며 살다 가지
무심하게 뭐가 그리 급해 떠난 것인가
평온한 곳에서
좋아하는 일 맘껏 즐기며 보내시게
이승에서 못다한 일일랑 모두 잊어버리고
훨훨~~.

11월의 단상

창밖 불빛 눈물 젖어 신음하듯
흐릿하게 성에 껴 안팎에 서리고
건드릴 수 없는 세속 갈등 투쟁하는 밤
파리하게 떨리는 잎새 여린 바람결
계절 빗장 연다

들녘 텅 빈 물억새 울음 하얗게 질려
시간 바랜 황혼 잎들 사연 뒹굴고
뭉툭하게 닳아버린 쓰린 심정 휑하게 뚫려
외로움이 그리움인 것 모르고
혼자 서글픔 되뇌며 떠난다

달빛 사이 노란별 붉은 별 떨어진 가을
아파오는 하늘 먼 곳에 빛 숨기며
허허로운 바람 일으켜 스산하게 움츠리고
서로 닮은 듯 부딪는 지나온 이야기
낯익은 쌀쌀함 기댄 채 쓸쓸히 깊어 간다

모두가 잠든 밤 이른 새벽 전화벨 소리

모공 곤두세워 온몸 떨게 하는
죽음의 깊은 숨소리보다 더욱더
긴장케하는 삶의 간절함
처절하게 쿵쾅거린 날들 맘 졸이며
또 그렇게 한밤 지새운다

질긴 인연의 상처 영혼의 쓰라림
마지막 몸부림으로 투영되며
멈출 수도 되돌릴 수도 없는
인생 끝자락에
절망의 흔적 짙게 얼룩진
섧게 다가온 아린 감정 부여잡고
설치다 눈뜨며 또 하루 먹는다.

석별

모질게 베어내 말라버린
무지했던 열정과 혼돈 속에
삶의 버팀목이었던 당신
별나라 떠난 뒤 맞잡은 손
놓아버리기 이렇게 힘이 든다

유난히 맑은 겨울 밤거리
슬픈 그림자 휘청거리며
예감했던 이별의 아픔
헤어짐 입가 맴돌다 멈춰
말문 막아 소리 없이 흐느낀다

사랑만 해도 모자랐던 지난날들
마음에 각인된 투박하고 새침한 행동
이제 기억에 의존해 보내야 할
한 영혼의 이름 부르며
길가에 서서 별일 서러움
마른 가슴 쓸어내 눈물에 씻는다.

그림자 밟고 서서

몸과 마음 갈기갈기 찢고
한줌 빛도 허락하지 않은 채
깊은 구렁 속에 가두어 버린
어느날 문득 어둠은 찾아왔다
고통은 바늘이 되어
날카롭게 찌르고
외로움 냉랭한 비명 지르며
스치고 지나갔다

정신은 아찔한 벼랑 끝에 매달리고
거센 파도 쓰는데
시간은 멈춘 듯 느리게 흘렀다
그러나 분명 어딘가
간절하게 타오른 불꽃
처절하게 울부짖고 있어
이 어둠도 걷히겠지
그저 한 걸음씩 밟은 그림자 찍힌
걸음걸음이 대답되길 바라네.

초월

밤새 양철 지붕 두드린 소리 잠 설치고
지렁이 같은 골목 지날 때
땡볕에 찡그리던 깨꽃 비맞아 방글고
쫄랑대는 복실이 뒤로하고 도서관 왔다

우중충한 동굴 같은 인파 속에
그리스 사포 누님 여린 감성으로
나근나근 속삭이는 콧김 귓등 스쳐
어릿한 여인의 향기 맡는다

날씨도 구질근하고 살냄새 그리워
뒤적거리다 조선 가락 생각나서
부안 매창 누님 만나 막걸리에 부처리
부쳐 놓고 초은 유희경 선생 되어
이화우 한 수 가얏고 가락 들어야겠다

누님 계신가?
이리저리 뒤져봐도 보이지 않는다
매창집은 조선으로 돌아갔나

자리 비웠는지 쪼빗대는 남정네와 여인
밀집해 누굴 만나야 하는지 몽롱하다

순간 전화가 울린다
어이 뭐한가 복날도 되고 복달임하게 얼른 와~.

목에 걸린 달빛

엄니
오늘 추석 앞날인디
혼자 빈독골 둥글게 뜬 달 보다
저녁이 지났나 출출하고 당신 생각나
마트에서 옛날 두부 그 왜 집서 만들어
장날 팔던 딴단한 그것 말이여

텃밭에 지멋대로 큰 소불과 대파
글고 들깻잎 옴싹 뜯어다
깨깟이 씻어 된장 넣고 자글자글
끓여 놓고 있자니 왜 이렇콤
인생살이가 쓰린지 몰긋네

엄니 혼자 구석진 곳에서 뻑진 시상
육남매 키우며 흥얼거린 속울음 뭔지
이제야 쪼깐 알 것 같어
살 만한께 막내 며눌이 많이 안 좋아
자식들께 맡기고 빈독골 혼자왔어
애들 앞에서 울지 못한

북받침 내려놓고 실컷 울어 볼라네

남들헌테 의지가 어떻고 치유가 어떻고
자신을 이겨라 용기 주었던 것도
맹탕 헛소리 막상 닥치니
왜 이렇게 아프고 애처로운지

동반자로 살아온 날들 모든 걸 아끼고
사는 게 최고 미덕인 줄 알았던
우리 이승에서 작별해야 할 시간
다가오고 있는 것 같아 눈물이 나
엄니 거그는 어쩌 이런 고통 아픔 없께

강하고 냉철한 것도 보잘것없는 객기
얼굴은 웃고 속은 검게 탄 울음 훨훨
독하게 맘먹고 멈추려 해도 끝없이 흐른
내 안의 슬픔 내일 보름달 뜨면
빈독골 곁에 엄니가 올까 당신이 올까
몽롱한 정신 달빛 걸려 맥없이 흔들린다.

일 길에서

사흘째 대설특보 흰 벌판 괴발개발
낙서 남기고 하늘 보니
이웃들 한숨 깊어진 시름 뒤엉켜
권력 탐욕에 눈먼 위정자들 보란 듯
이 땅에 뿌려 하얀 눈 세상 만든다

칼바람 불고 눈 오는 날 서천 특화시장
화재로 모든 걸 잃고 기막혀 소리마저 잠긴
그곳 상인들 비통함은 뒷전
위정자 화해 장소 그려놓은 방송
이게 뭔가 공정 민생경제 재난
누굴 위한 정치인가
227개 점포 그 주변 상인들
부글거린 화 하얗게 식혀 주는 하늘이다

빚내서 새롭게 꾸민 점포
설 대목장 손님 맞으러 준비한 상품
검게 태워버린 불의 마귀 해코지
울부짖는 아우성 들리지 않는지

방송은 네편 내편 갈라놓고 뭘뭘
마치 개 짖는 소리처럼 소란하다

애잔한 그리움
비빌 곳 없어 고향 찾는 넋들
허탈에 빠진 허무한 아픔아
청룡이 물고 온 여의주
받아들고 비춰라
동해 붉은 해 서해 황혼아
조화 부려 깨어나라
쏟아 부어라 하얗게
함께 사는 세상
눈송이 펑펑 가슴 친 오늘
용왕이 건넨 예지의 눈으로
올해는 공평한 지혜 가득 내려주오.

삶에 드리운 그림자

낯선 슬픔 위로 꽃잎 날아들어
출렁이는 손놓고 목놓아
흐느낀 꽃대 움켜잡는다

상처가 병이 되고 이유 없는
불만 쌓여 불신하는 하루하루
스산한 한기로 다가와
삼복 더위 서리 내린다

땡볕 이글거린 궁상맞은 담벼락
호미 끝 맴돌며 찢겨 나가고
보튼 가슴 탄다

씨를 뿌리고 아낌없이 준 꽃
독 품고 자라 갉아먹은 정신
이빨 꽂고 흡혈귀 된 채
밤새 울부짖고 있는데
아무도 없는 검은 그림자
파리한 손톱 세우고 떤다.

철새가 남긴 깃털

매년 날아든 지친 영혼들
여기저기 한달 일년 오년 십년
이것저것 받아
일군 터전 버리고 미련 없이
돈 챙겨 훌쩍 날아가 버렸다

함께 먹던 나눔 정담 접어
몰염치 이기 심고 떠난 철새
떠나며 남긴 깃털 붙들고
체온 느끼련 듯 노을에 물든
언 몸 녹인다

철따라 돈 따라 떠돌다 머문 곳
점점 폐허되어 정다움 야멸차게
변한 공동화 현상 여기저기
스산한 겨울바람 집 주위 휘돌 때
버리고 간 고양이 깡통 핥은 소리
쓸쓸함 빚지고 간 알량한 양심
땅값만 올려놓았다.

존재의 씁쓸한 맛

동네 경로당 지나다 옆집
아재 만나 인사하니 잘 산가
자네 쩌그 앞 어귀 장례식장 말이네
그곳 지날 때 무슨 생각 들든가

난 그곳에 화환 세워져 있으면
누군지 좋은 데 잘 갔소
살아도 뼛골 빠진다며 고개 숙이네
그러는 아재 입가엔 짓눌린 주름 가득
외로움에 지친 듯 쓸쓸한 입김 뿜는다

살다본께 이빨도 세월에 짓눌려 빠져
씹기도 시원찮은 잇몸으로 오물오물
허기 채우는 쩝쩝 소리 울 넘어 가득
시한 냉기 가득히 동태보다 빳빳한 삭신
꼼지락거린 것도 성가셔
못 이긴 척 맞춰 둔 틀니만 자글거린다

혼자 사는 것이 죽기보다 싫어

꽁꽁 언 맴 데우러 왔는디 뭔노므 자랑
부해 질러 오장육부 심통 긁는 소리뿐
어이 거그 부부가 지지고 볶은 소리
그만들 허드라고 쌈하는 것도 행복 겨워
신나락 까먹은 소린께 안 그런가 다들

방바닥에 퍼질러 뜨근허게 지지러 나왔더만
마누라 생각만 나게 혀 무담시 속이 뒤틀리고
시끄러워 집에 가야것네

다람쥐 쳇바퀴 돌리듯 갈 곳 잃어
흔들리며 나부끼는 아재 뒷모습
골목길에 걸려 휘청일 때
늘어난 그림자 아늑히 가물거리고
먼지 훑은 찬바람 정신 후린다.

정화수

팍팍 찌는 복날 무슨 바람인지
마음 움직이는 구름띠가
평전 정신 헤집은 댓잎 소리 스며
드리워진 그늘 순천 인제동 내려앉아
질퍽한 갯내 휘저어 머리 비우고
당신 그리는 서정의 때깔 깁는다

음기가 양기에 눌려 엎드린 날씨
녹차 녹아든 평전과의 인연 되살아나
콩물 속에 흐르는 깊은 남도 가락
면발의 흔들림 느린 진양조 속삭임으로
들릴 듯 말듯 투박한 정신 깨운다

명품 사업비 몇십억 문자 보는 순간
피가 거꾸로 솟는다
명품이라서가 아니고 천박해서다
다스려진 마음 자꾸 구역질난다
누굴 위한 명품 사업인가
이 땅의 서정 무력하게 곤두박질친다

치성 드리던 정화수 새물로 갈았으니
흙탕 튀셔야 쓰것는가
고양이한테 생선 맡긴 것도 아니고
파리 쉬 쓰는 것도 아닌데 구더기 일어
어지럽게 요동친 명품 얼마나 많은 양식
오염시키는지 지켜보리라.

개발골 연가

사장골 정자나무 위 바람에 흔들린
오막살이집 한 채
갈래난 까치 부부 산달 되었는지
주둥이 닳도록 집터 넓힌 소리
흰눈에 젖은 고요 깨우고
꿀적골 접어들어 일하다 다친 눈
치료 때문에 안방에서 구들 등진
노인 회장 집 지나 앞 보니
산타골 희멀건 눈보라 휘돌고
무슨 슬픈 사연 있어 애달골은
두세두세 애달프게 울고
연인들 펑펑 흰눈 쏟고 있습니다

지춰난골 지나 깝깝골 능선엔
빙그레 햇살 가득 귓불에 비춰들고
터에 묻힌 기억들 풀풀 날리면
살아온 세월 번뇌 흰눈에 녹아
저수지에 쌓여 시린 마음 데우고
바라보던 물총새 한 마리

깝깝하시 참말로 깝깝허당께 하며
작은골에서 큰골로 날아갑니다

헉헉거려 비탈길 올라 사방을 둘러보니
펄펄 내린 흰눈 나뭇가지에 꽃 피우고
사구시 가마터 연기 솟아오르듯 모락모락
바람에 휘말린 눈보라 회오리치고
질펀한 얘기 능선 타고 하염없이 내리면
숲속 삼신할매 혼 무동골 가장골 떠돌며
이웃과 정겹던 날들 새깁니다

귀생개 안골과 빈독골 갈림길 탄탄해진
다리 심 느끼며 두터골 향해 걷다
벌떼 겨울나는 옴폭한 골짜기 지나
바람이 대숲 울려 윙윙거리는 골목길
빗자루에 피 묻혀 도깨비와 씨름하려 했던
철없는 소년의 형체 만나 두터골 후미진
샛길 따라 도망쳐 토골까지 달려와 목이 타
송담 잘라 달짝지근한 물로 목 축입니다.

동네 저수지

아래 물가 밭 언덕 동네 탯자리
호미든 어미 탯줄 묻는 소리
거칠고 가파른 기억까지
물오리 떼 지나며 금세 지우는
기억 저편 앞산이 거꾸로 서 있다

잔돌 맞아 상처 난 일그러진 저수지
크게 울 것 같아 물수제비 뜨다 말고
울렁이는 햇살 포개 하나둘 내려놓은
세속 이물질 버얼건 황혼빛에 젖어
곱다란 물총새 깃에 들뜬다

그늘 벗어던진 먹구름 솥대방
꼭대기 해 삼키면
어느새 별들 내려앉아
파리하게 야윈 추억 안주 삼아
오만가지 생각 물속에 쏟아놓고
외롭고 서러운 울음 너울 되어
조잘조잘 일렁인다.

[해설]

저녁놀의 시김새

이경호 평론가

1. 시김새와 시인의 말

"시김새"라 일컫는 낱말이 있다. 국어사전에서는 판소리에서 사용하는 다양한 표현법이나 국악에서 악기를 연주할 때 음률을 자연스럽게 연결하거나 멋지게 꾸미는 역할을 감당하는 표현법을 가리키는 것으로 풀어내고 있다.

남선현 시인은 이번에 펴내는 시집의 서두에 작성한 「시인의 말」에서 "천상에서 시김새로 와 닿는 순간"이라는 표현을 선보이고 있으며 작품의 제목과 내용에서도 여러 차례 이 낱말을 사용하고 있어서 이 낱말이 간직한 뜻이 예사롭지 않다는 사실을 짐작할 수 있다.

이 글은 이번 시집에서 가장 중요한 모티프로 활용되고 있는 '저녁놀'의 시각적 이미지가 '시김새'라는 청각적 표현법과 어우러지면서 한국 서정시의 중요한 전통을 되살리는 내력을 살펴보게 될 것이다.

2. 천상의 시김새

앞에서도 언급했듯이 남선현은 「시인의 말」에서 "천상에서 시김새로 와 닿는 순간"이라는 표현을 제시하고 있는데 이 표현의 의미를 파악하기 위하여 전체 내용을 인용해 보겠다.

천상에서 시김새로 와 닿는 순간
아- 그래 모두가 내 안에 있는 것을
무엇 때문에 아파하고 슬픔을 꾹꾹
눌러야 했을까?

한세상 왔다가는 것은 혼자인데
터지도록 쌈박질한 내 안 갈등
시린 또 하나의 상처와 번민이
초라한 덫에 걸렸구나

물음 하나 곁들인 눈물엔
간절한 소망과 갈망 부서져
주변에 흩뿌려지면
슬피 울고 있는 한 가닥 현에
실린 갈증이 애닯다.

"천상에서 시김새로 와 닿는 순간"이라는 수월하게 이해하기 어려운 고백의 단서를 제공하는 것은 아픔과 슬픔과 갈등과 소망과 갈망 같은 마음의 요소들이다. 그 점을 단서로 "천상"의 어떤 상태가 시가나 음악의 "시김새"로 표현되는 "순간"에 마음의 괴롭거나 슬픈 감정이 환기되거나 복받친다는 사실을 짐작할 수 있다. 그런데 괴롭거나 슬픈 감정은 "간절한 소망과 갈망"과 어울리면서 복합적인 정서를 형성하기도 한다. 그렇다면 천상의 상태란 구체적으로 어떤 정서의 모양이나 정황을 가리키고 있을까? 남선현 시인이 이번 시집에서 그러한 정서와 관련하여 가장 자주 표현하고 있는 천상의 상태는 바로 다음과 같이 제시되고 있는 '저녁놀'의 모양이다.

>내려앉은 먹구름 사이엔
>타다 남은 불쏘시개처럼
>함께한 날들 울먹이고
>눈길 닿는 곳마다 튀어올라
>열정 태우며 오글오글
>손끝에서 깨어난다
>
>오늘따라 하늘 끝 그리움
>그대와 나의 이야기 돼
>붉은빛 스멀스멀 구름 감싸듯
>보랏빛 보고픔 앞산에 뿌리고
>서녘 하늘 핑크빛 너울지며 안긴다.
>
>- 「저녁놀」 부분

이번 시집에 수록된 첫 작품의 제목과 내용은 「시인의 말」을 입증할 뿐만 아니라 시집 전체의 주제와 성격을 암시해주기도 해서 주목해야 한다.

먼저 주목해야만 하는 사항은 시편의 제목으로 선택된 "저녁놀"이 「시인의 말」에 제시된 "천상"의 공간을 대표하면서 동시에 천상의 공간을 시인의 내면 공간으로 이어주는 정서의 소통 이미지 역할을 감당하고 있는 점이다. '저녁놀'은 그런 점에서 일차적으로는 아픔과 슬픔을 표상하는 이미지이며 이차적으로는 그리움의 열정을 표상하는 이미지로 이해될 수 있다.

의미심장한 점은 아픔과 슬픔을 소통하게 만드는 저녁놀의 역할이 시적 화자 개인과의 소통뿐만 아니라 이웃 공동체와 역사까지 아우르는 소통 기능을 감당하고 있다는 점이다. 구체적으로 "함께한 날들"이 역사적 현실을 일깨울 수 있다면 "그대와 나의 이야기"는 이웃 공동체와의 소통 효과를 환기해 준다. 이런 소통의 역할은 이번 시집의 중요한 주제이며 성과이기도 하다는 점에서 긴요하다.

3. 노래 시의 역할과 가치

「시인의 말」을 포함하여 이번 시집에서 또 다르게 주목할 사항은 "천상에서" 지상의 시적 화자에게로 소통되는 방법이 "시김새"의 특징을 간직하고 있다는 점이다. 앞에서 '시김새'가 판소리를 비롯한 우리 국악의 선율이나 리듬을 표현하는 방법이라고 설명한 바 있거니와 이번 시집에 수록된 시편들 또한 '노래 시'의 운율적 요소를 구현하고 있는 셈이다. 대체로 각각의 시행이 유사한 음절 수를 간직하고 세 마디나 네 마디 호흡을 유지하는 특징을 보여주면서 시의 내재율보다 훨씬 강화된 리듬 효과를 만들어내고 있기 때문이다. 오랜 세월 동안 우리 시문학의 전통을 유지해 오다 20세기에 들어서면서부터 점차로 약화하거나 자취를 감추고 있는 시의 운율과 리듬 효과, 즉 노래 시의 역할과 가치를 나는 다음과 같이 내세운 바도 있다.

시에 일정하게 적용되는 운율은 그것을 듣는 이의 흥을 자발적으로 불러일으키는 법이다. 머리로 감식하기도 전에 몸을 먼저 들썩이게 만드는 리듬 작용. 이런 경우에 시는 의미로 수용되는 효과보다 노래로 수용되는 효과가 클 것이다. 노래는 가사보다 멜로디나 리듬이 몸을 먼저 사로잡으므로, 시는 오랜 세월 동안 그런 노래와 자웅동체였던 것이다.

노래로 감상하는 시의 기능이 더욱 중요한 까닭은 노래가 고립된 시의 감상 조건을 해방해준다는 점에 있다…(중략)…노래로서의 시는 낭송자와 청자의 공동참여를 촉발하는 사회적 연대 기능을 수행할 수도 있다. 조용하게 고립된 공간에 갇혀서 시각을 활용하는 단독자로서의 시 읽기 체험을 열린 공간으로 확장하고 소통하게 만드는 역할을 낭송 시 체험이 감당할 수 있는 것이다.(『전환기 문학과 시문학사』, 57~58쪽)

노래의 공감작용을 활성화하는 남선현의 시편 서술 방식 또한 머리로 생각하고 이해하는 효과에 치중하는 현대시의 역할을 뛰어넘어 가슴과 마음의 울림을 몸 전체로 확장하는 전통 서정시의 고유한 역할을 돌이켜보고 그 가치를 회복할 필요성을 확인해 준다. 더구나 노래 시를 지향하는 남선현 시편의 시김새는 다음의 시편에서처럼 시적 화자의 몸을 역사 속 이웃과 자연 생명체들과 소통하는 현실 속으로 인도해주기까지 한다.

4. 개울물과 희나리의 시김새

여순항쟁의 비극
그 억눌림의 날들
개울에 새겨져 잊히지 않는
시김새로 현을 켠다

눙침의 적막 속에 잠든 넋들
희나리처럼 덜 마른 가락 실어
한맺힌 춤 추듯 어깨 들썩인 날
밝고 뜨건 횃불 밤새 타오른다.

- 「77년 만의 외유」 부분

비극적인 역사의 사건 속으로 시적 화자의 몸과 삶을 끌어들이는 역할을 감당하는 매개체는 자연에 "새겨져" 있는 가락이다. 그 가락은 "개울"의 물소리로 표현되고 있는 바, 그것을 남선현 시인은 "여순항쟁"이라는 역사의 현장에서 울려 나온 선조들의 외침 소리와 포개놓고 싶어 한다. 그 외침 소리가 "개울에 새겨져 잊히지 않는 시김새로 현을" 켜는 연상 효과를 불러일으키는 것이다.

　그런데 더욱 중요한 점은 개울물 소리가 불러일으키는 연상 효과가 아픔과 슬픔의 가락만을 시김새로 들려주지 않고 있다는 점이다. 슬픔이 눈물의 결정체를 만들어내고 눈물과 개울물은 같은 '액성(液性) 이미지'인 데 반하여 "희나리"라는 고체 이미지가 제시되고 있기 때문이다.

　희나리가 덜 마른 장작이라는 점에서 그것은 액성 이미지를 내포하고 있기도 하다. 따라서 고체 이미지인 희나리는 슬픔의 자취를 간직하면서도 그것을 극복하려는 의지를 기체 상태인 불꽃으로 피워낼 신명의 시김새를 보여줄 수가 있다. "한맺힌 춤 추듯 어깨 들썩인 날/ 밝고 뜨건 횃불 밤새 타오른다"는 정황은 그렇게 고통과 슬픔을 이겨내려는 가열한 몸짓을 노랫가락과 춤사위로 구현하고 있는 셈이다. 나중에 다시 언급하겠으나 이러한 몸짓이야말로 남선현 시인이 이번 시집에서 가장 강조하는 '저녁놀'의 역할이면서 시김새이기도 할 것이다.

5. 첫 번째 저녁놀 - 고향의 탯줄

　그럼 이제부터 본격적으로 이번 시집에 제시되고 있는 저녁놀의 시김새를 살펴보도록 하자. 남선현의 이번 시집에서 시적 정서를 이끌어가는 어휘와 가락은 그가 태어나고 성장한 남도의 고향 자락을 밑천으로 삼고 있다. 따라서 저녁놀의 서정도 그런 고향의 정취를 자연스럽게 끌어안는 모양새를 보여준다.

이곳은 우리 탯줄 묻혀 있고
조상들 정신 깃든 곳
이유 없이 뜻 없이 힘들고
외로울 때 생각나
크렁한 눈물 삼키게 한 안식처
끊이지 않는 보금자리 되었다

어느새 인생은 서녘에 걸려 저물고
붉은 노을 물든 삶의 궤적

- 「조용한 하루가 말을 건다」 부분

"붉은 노을"은 고향 집 아궁이에서 타오르는 모닥불과 같은 온기를 떠올리게 만들 수도 있고, 태아 시절 우리가 웅크리고 있던 어머니의 자궁을 환기해 줄 수도 있다. 그 모든 공간이 고향과 가족의 품이며 "안식처"일 것이다.

그런데 이러한 안식처는 제한 조건을 간직하고 있다. 그곳은 우리가 "뜻 없이 힘들고/ 외로울 때 생각나"는 공간이다. 그리고 또 하나의 제한 조건은 "어느새 인생은 서녘에 걸려 저물"어가고 있는 정황이다. 이러한 제한 조건은 안락함이나 온기를 결핍한 현실 상황을 지시해 준다. 바꾸어 말해서 온기를 결핍한 현실 조건이 고향의 붉은 노을을 온기의 대상으로 환기해 주는 셈이다.

6. 두 번째 저녁놀 - 추억의 사진첩

그런데 안락함이나 온기를 결핍한 삶의 정황을 남신현 시인은 다음과 같이 좀 더 구체적인 고향의 풍경으로 그려 보이기도 한다.

저물녘 텅 빈 들판
그림자 길게 드리우고
낡은 헛간 곁엔 풀벌레
소리만 간절하다

한때 웃음꽃 피던 마을
바람결 흔들리는 나지막한 담벼락
고즈넉한 정적 홀로 남은 이녘
창밖 바라보며 옛 추억 더듬는다

손주들 재잘거림 정겨운 이웃들 얼굴
지금은 흐릿한 흑백 사진 속 기억뿐
황혼녘 노을빛 물든 하늘 아름답게
쓸쓸한 마음 더욱 깊다

- 「이녘 별」 부분

먼저 안락함이나 온기를 결핍한 시골 고향의 현실은 "텅 빈 들판"이나 "낡은 헛간"의 모양으로 제시되고 있다. 고향이 자연과의 교감과 생활을 함께 구가하는 공간이라는 점에서 자연과 생활의 결핍은

무엇보다도 그 공간에 함께 거주했던 자연의 생명체나 가족과 이웃이 사라져 버린 현실로 표현된다. 그리하여 "한때 웃음꽃 피던 마을"의 풍경이 "지금은 흐릿한 흑백 사진 속 기억"으로 남아 있는 변화는 저녁놀의 아름다움을 추억의 사진첩으로만 바라볼 수 있게 해준다. 그럴 때 저녁놀의 아름다움은 쓸쓸함의 자취로 여겨질 따름이다. 붉은색의 온기와 활력이 사라진 자리에는 흑백이나 잿빛의 서늘한 냉기가 감돌고 있는 듯하다.

7. 세 번째 저녁놀 - 검은 눈물

하지만 쓸쓸함의 자취는 "검은 눈물"의 상처를 환기해 주는 "잿빛 하늘"에 비하면 여유로운 삶의 상태에 불과하다.

쩌그 먼산떡 어메는 말시

젊어서 서방 하늘 보내고

갖은 고생허다가

그것도 복이라고 아들딸 셋

가슴에 묻고 혼자돼

멍허니 하늘 보는 빙들어

동네서 그냥 먼산떡이라 부른당께

참 안돼부렀당께-잉

가녀린 저 어메 미소가 말을 잊고

기약 없이 혼자 삭혀야 하는 삶
맘도 정신도 뒤집혀 범벅된
눈주름 사이로 불어닥칠 폭풍보다
외롭게 서린 한 잿빛 하늘에 몰려
우중충한 마음 검게 태운다.

- 「검은 눈물」 부분

이번 시집에 수록된 첫 작품 「저녁놀」에도 이런 검은 눈물과 유사한 색감으로 얼룩진 자취가 아로새겨져 있다. "내려앉은 먹구름"이라고 서술된 하늘 풍경에서 저녁놀이 "내려앉은 먹구름 사이"에 존재하고 있기 때문이다. 이번 시집에 수록된 남선현의 시편들 속에서 그리움을 표현하는 저녁놀의 풍경은 죽음이 초래한 상실감이나 절망의 잿빛 하늘을 배경으로 삼거나 검은 먹구름 사이에 존재하는 것이다. 사랑하는 가족을 모두 잃고 "멍허니 하늘 보는 빙들어/ 동네서 그냥 먼산떡이라" 불리는 여성의 새까맣게 타버린 가슴을 하늘에 아로새겨 놓은 "잿빛 하늘"이나, 검은 먹구름 사이로 보이는 저녁놀이야말로 처절한 절망에 짓눌리거나 가려져 버린 그리움의 잔해일 것이다.

8. 네 번째 저녁놀 - 땅에 젖은 배롱나무꽃

남도의 대표적인 가로수는 배롱나무이다. 뜨거운 여름 무렵부터 붉은 꽃을 피워내기 시작하는 배롱나무꽃은 이열치열의 아름다움을 과시한다. 이번 시집에는 가열한 대지의 현실을 밑거름으로 삼아 붉은 꽃을 피워내는 배롱나무를 지상에 드리워진 저녁놀의 분신으로 표현하거나, 배롱나무의 또 다른 분신을 소개하는 시편도 존재해서 이채롭다.

이웃 어메 농약 치러 논밭 가는지
가까이 가보니 헐렁한 몸빼바지
무릎 찬 장화 신고 한 말 분무기
유모차 싣고 분무기가 걷고 있다

…(중략)…

말은 힘부쳐 그만둬야지 하며
놓지 못한 어메 빨간 배롱꽃
샛길 따라 종종걸음 흔들리고
흠뻑 땀에 젖은 얼굴 미묘하게
눈 깜박일 때 변검 된 어메

매년 이 짓 언제까징 할랑가 몰러
손끝엔 송골송골 손주들 맺혀
불긋하게 눈에 밟힌 하늘 바라보며
아련한 현실 토한다.

- 「배롱꽃」 부분

이 작품에 제시되고 있는 "이웃 어메"의 논밭을 일구거나 농약 치는 농사일이 가족을 잃어버린 "먼산떡 어메"가 감당해야만 하는 "검은 눈물"의 절망을 온전히 이겨내거나 지워버릴 수는 없을 것이다. 하지만 가혹한 환경 조건에서 힘겹게 몸을 부려내는 노동은 "시골 어메"의 "흠뻑 땀에 젖은 얼굴"과 "불긋하게" 상기된 얼굴을 "빨간 배롱꽃"과 하나의 지체로 어우러지게 만든다. 그 지체는 마음의 절망을 몸으로 감당해 내는 지극함의 상징이다. 차츰 노동 시간이 길어지면서 하늘에 걸리는 저녁놀과도 한몸이 되어가는 시골 어메의 손길은 절망으로 무너져가는 마음을 곧추세우는 지렛대로 작용할 법하다. 노동으로 뜨겁게 상기된 그 얼굴은 어쩌면 어두웠던 절망과 자포자기의 표정만 내보였던 얼굴을 갈아치우는 "변검"의 묘기를 선보일 수도 있을 듯하다.

9. 다섯 번째 저녁놀 - 역사의 뿌리

남선현의 시편들 속에서 배롱나무꽃을 피워내는 뜨거운 노동의 손길은 당대를 거스르며 역사의 뿌리를 헤집는 저녁놀의 모양으로 표현될 때도 있다.

내 아비는 고기 잡는 어부
어미는 그 어부의 아내
그 아비 어미는 농부이고
그 자식의 자식은 수군이다

…(중략)…

보리쌀 몇 됫박에 수군 되어
처자식 허기진 배 채우고
움켜잡은 노 춤추듯
지형지물 비껴 물살 가르면
허겁지겁 도망치는 왜놈들
모가지가 수장되었다

뭣이라 이 땅의 주인이 누구더냐
역사는 늘 가진 자의 기록으로 남아
파란 하늘이 울먹이다 못해 붉게 물든
갯가의 노을은 알고 있다

- 「후예」 부분

이 글의 전반부에서 노래 시의 표현법을 지향하는 남선현의 시편들이 머리로 이해하는 시의 기능을 뛰어넘어 온몸으로 소통하는 공감 효과를 마련하는 과정을 살펴본 바 있다. 그러한 노래 시의 공감 효과를 통하여 시적 화자의 삶이 역사적인 현실과 이웃 공동체와 소통하는 보람을 만들어내는 과정도 살펴보았다. 저녁놀은 그러한 노래 시의 공감 효과를 가장 구체적인 실감으로 구현하는 대표 이미지로 표현되었다.

「후예」에 제시되고 있는 어부와 농부의 삶은 임진왜란과 같은 역사적 사건을 저녁놀의 배경 현실로 삼으면서 가계(家系)에 갇혀 있던 노동의 현장을 확장하는 의욕을 노출한다. 그런 의욕은 가파른 노동을 더욱 가파른 전투의 몸짓과 결합함으로써 노동의 역사적 가치를 일깨우며, 전투와 노동의 역사적 현장에서 상처 입고 분노하는 민중의 존재감을 저녁놀이라는 이미지에 투사하는 결과를 만들어 보인다.

10. 여섯 번째 저녁놀-달맞이

이번 시집에 제시된 저녁놀의 분신 중에서 가장 돋보이는 역할을 감당하는 것은 다음의 작품에 제시되고 있는 달이다.

    자연 인간의 괴롭힘에 몸살을 앓다

    재채기로 쏟아낸 콧바람 동각 옆

    자연네 놀짱한 나락 쓰러트려 놓아

    일으키려 헤집은 물바닥

    달이 빠져 사름사름 깜박인다

    …(중략)…

    정화수에 빠진 달 손주 같은지

    내려놓지 못하고 맹물 같은 자식들

여린 떨림 떠돌다 가슴 타고 들어
비벼대는 손바닥 댓바람에 잠긴다

아재 기억 갉아먹은 잔기침 소리
대추보다 붉은 감 이파리 흔들다
귀뚜리 노랫가락 추임새 되어
쇠잔하게 골골 흐느낌 되었다

이승과 저승 가족들
모두 모여 그리움 차려놓고
속울음 삭이며 보내는 이웃들
한가위 달처럼 둥글둥글 마음에
걸고 결판지게 놀아보련다

- 「달맞이」 부분

 달은 시간상으로 저녁놀이 지고 난 다음부터 자신의 존재감을 돋보이게 하는 자연의 존재이다. 그런데 마치 시간의 경과를 반영하듯이 달은 저녁놀의 역할을 품으면서도 보완하거나 극복해주는 쓰임새를 드러내서 한층 긴요해 보인다. 달이 저녁놀의 역할을 보완하는 사항은 인간과 자연과의 관계를 집중적으로 다루면서 제시된다. 지금까지 삶의 슬픔과 그리움의 정서를 환기해 주는 저녁놀이 인간의 역사와 이웃 공동체와의 관계를 살펴보는 일에 적용되었던 쓰임새가 더욱 확장되고 있는 셈이다.

이 작품에서 달의 일차적 쓰임새는 자연에 가한 인간의 괴롭힘을 반영하는 모습으로 제시되고 있다. 그 모습은 논의 "물바닥"에 "달이 빠져 사름사름 깜박"이는 모양으로 묘사된다. 그런데 달의 힘겨운 듯한 모양새를 비추는 "물바닥"이 장독대에 놓여 있는 "정화수"의 모양새로 존재감을 바꾸는 순간에 괴로움의 속성은 그리움의 속성으로 변화를 일으키게 된다. 이러한 변화는 어쩌면 달의 신비로운 능력에서 비롯되었는지도 모른다. 또는 정화수를 올리는 할머니의 간절한 마음가짐이 초래한 것일 수도 있다. 그때 달과 할머니는 하나의 존재로 포개지면서 괴롭힘을 받으면서도 오히려 괴롭힘을 안겨 주는 존재를 품어주는 신통력을 발휘하는 존재로 떠오르는 셈이다.

　예로부터 많은 고대 신화에서 달은 여성성을 상징하는 존재로 기려져 왔다. 이지러졌다가 다시 차오르는 모양이 상실을 극복하고 새로운 생명을 잉태하는 여성성의 존재감을 반영하고 있기 때문일 것이다. 그런 점에서 달은 정화수를 바치는 할머니의 자손에 대한 사랑과 그리움을 간절하게 "비벼대는 손바닥"과 소통하면서 삶의 아픔과 상실감을 극복하고 새로운 소망을 꿈꾸는 기회를 마련해 줄 법도 하다.

　그러한 기회의 상징을 시인은 마지막 연에서 "달맞이"의 축제 상황으로 표현해 보인다. "이승과 저승 가족들/ 모두 모여 그리움 차려놓고/ 속울음 삭이며 보내는 이웃들/ 한가위 달처럼 둥글둥글 마음에/ 걸고 결판지게 놀아보런다."는 마음가짐의 결실인 셈이다.

　"이승과 저승"을 공유하는 '천상'에 떠오른 저녁놀이 슬픔과 그리움을 환기해주는 축제의 상징이었다면, 저녁놀이 지고 둥글게 떠오른 "한가위 달"은 새로운 소망과 기쁨이 가득하기를 꿈꾸는 축제의 상징이 될 것이다. 그러한 축제의 자리에서 "결판지게 놀아보"는 몸짓을 구현해 줄 시의 가락을 아마도 남선현 시인은 「시인의 말」에서 "천상에서 시김새로 와 닿는 순간"이라고 고백하고 싶었던 듯하다. 이 시집은 그런 고백이 빚어낸 소중한 결실이다.

이경호 평론가

1955년 서울 출생.
고려대학교 영문과와 같은 대학원에서 비교문학 전공.
1988년 계간 문예지 『문학과비평』 신인상으로 등단.
저서로 『문학과 현실의 원근법』, 『문학의 현기증』, 『상처학교의 시인』 등이 있다.